엄마곰의 육아 일기
안녕 솔방울씨

엄마곰의 육아 일기

초판 1쇄 인쇄 2023년 5월 8일
초판 1쇄 발행 2023년 5월 18일

지은이	엄마곰
발행인	임충배
홍보/마케팅	양경자
편집	김민수
디자인	정은진
펴낸곳	마들렌북
제작	(주)피앤엠123

출판신고 2014년 4월 3일
등록번호 제406-2014-000035호

경기도 파주시 산남로 183-25
TEL 031-946-3196 / FAX 031-946-3171
홈페이지   www.pub365.co.kr

ISBN 979-11-92431-19-2 07810
ⓒ 2023 엄마곰 & PUB.365

· 저자와 출판사의 허락 없이 내용 일부를 인용하거나 발췌하는 것을 금합니다.
· 저자와의 협의에 의하여 인지는 붙이지 않습니다.
· 가격은 뒤표지에 있습니다.
· 잘못 만들어진 책은 구입처에서 바꾸어 드립니다.

엄마곰의 육아 일기

안녕
솔방울씨

글/그림 엄마곰

어서 와 우리 아기

Mædalin Buk

폭풍우가
지나가고...

오빠, 우리 어쩌면
둘보다 셋이
더 즐거울지도 몰라
아까 그 배처럼

결국 새로운 돛을 달게 된다.

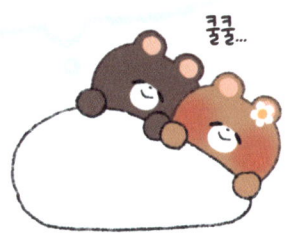

들어가며

부모님에게서 벗어나 혼자서 세상의 풍파를 겪어내던 나의 작은 돛단배는 남편의 돛단배를 만납니다. 저와 남편은 둘을 위한 새로운 배를 짓기로 합니다. 전의 배보다 더 튼튼하고, 이 정도면 꽤 근사할지도 모를 둘의 배를 새로 지어 다시 바다로 나아 가면 그 뒤에는 어찌하고 싶을까요?

글쎄요. 개인마다 차이가 있겠지만, 저희는 둘만을 위한 여행을 하고 싶다고 생각했습니다. 새로운 모험을 다시 시작하기에는 조금 지쳐있었거든요. 그렇게 3년간의 즐거운 항해를 만끽하던 중 한 선착장에 잠시 배를 대어뒀어요. 그곳은 저희와 비슷한 규모의 배들이 줄지어 있었지만, 저희 배와는 다른 점이 있었지요. 선원이 단 두 명이 아니었던 것! 그 배들은 이미 새로운 모험을 시작한 배들이었던 거예요!

우리와 다른 그 배들을 유심히 살펴보던 중에 폭풍우가 들이칩니다. 남편과 저는 폭풍우를 헤쳐 나가기 위해 열심히 노를 젓습니다. 그리고 생각해요. 아까 그 배들은 우리와 규모는 같은데 선원이 많으니 배가 무거워, 이 폭풍우를 헤쳐 나가려면 우리보다 훨씬 힘들 것이고 느릴 것이라 말이지요.

그런데, 제 예상은 보기 좋게 빗나갑니다. 그 배의 선장들은 지킬 것이 있기에 더 큰 힘을 냅니다. 분명 지칠 텐데도 얼굴은 웃고 있습니다.

폭풍우가 지나가고 욱신거리는 팔을 쭉 뻗고 누워, 다시 생각합니다. 새로운 모험이 둘만을 위한 여행보다 어쩌면 더 즐거울지도 모르겠다고요. 그런데 남편도 같은 생각을 했나봅니다ㅎㅎ 그렇게 저희 부부는 딩크라고 쓰여있는 돛을 내리고 새로운 모험을 시작합니다.

- '안녕 솔방울씨' 엄마곰 남김

 contents

chapter 1 딩크 졸업

- 01 결혼하자마자 가족계획 끝? — 015p
- 02 딩크 3년 차, 흔들리다 — 020p
- 03 자꾸만 눈이 가요 — 026p
- 04 부러움은 곧 결심으로 바뀌어... — 032p
- 05 얻을 것과 잃을 것. 뭣이 중헌디 — 038p

chapter 2 바로 엄마로 변신하는 건 아니잖아

- 06 어서 와! 우리 아기! — 046p
- 07 입덧의 습격 — 052p
- 08 입덧은 질병으로 분류해야 해! — 056p
- 09 공포의 임당 검사 — 061p
- 10 바로 엄마로 변신하는 건 아니잖아 — 067p
- 11 임신 후 겪었던 신체 변화 — 073p

chapter 3 안녕 솔방울씨!

- 12 간호사도 똑같아요 — 079p
- 13 쎄하다 쎄해 — 084p
- 14 당장 입원해!! — 089p
- 15 초스피드 진행 — 094p
- 16 무통주사 — 099p
- 17 초산모의 분만 진행이 빠를 시 생기는 단점들 — 104p
- 18 만출 직전 힘 빼기 — 110p
- 19 모두가 우왕좌왕 — 116p
- 20 안녕 솔방울씨! — 122p
- 21 아빠곰의 출산 후기 — 128p

chapter 4 끝날 때까지 끝난 게 아니야

22	출산 후 밀려온 두통의 원인	136p
23	눈물이 광광	142p
24	1월생은 못 해줘요	148p
25	출산도 성수기가 있다	154p
26	조리원 원장님과의 거래	160p
27	남편과 생이별?	166p
28	자연분만 후, 거동을 못 하게 되었다	172p

chapter 5 엄마 나이 한 살

29	처음인데도 잘해야 해	200p
30	몫 나누기	205p
31	뱀파이어는 얼마나 좋을까?	211p
32	배앓이 잡기	216p
33	이앓이	223p
34	동전이 계속 만들어지는 마법	228p
35	제발 먹지 마!!	233p
36	영역 넓히기	237p
37	엄마 어디 가?	242p
38	공주와 거지	247p
39	노인이 된다면 이런 느낌일까?	253p
40	돌치레는 후반전	258p
41	엄마 나이 한 살	264p

chapter 6 번외 편   271p

chapter 1

딩크 졸업

아이가 없는 삶은 온전히 부부의 것이니
혹여나 삶에서 닥쳐올 풍파를 이겨내는 일도 훨씬 쉽고 빠를 거라 생각했어요.
일단은 챙길 아이가 없으니 말이에요.
그런데 사실은 지켜내야 할 아이가 있기에 더 강해질 수 있더군요.
'딩크호' 보다 앞장서 가는 '깡총호' 처럼요.

01

 hello.little.sol　　　　　　　　　　···

결혼하자마자
가족계획 끝?

  　　　　　　　　　　　　　　　　　　　🔖

hello.little.sol 결혼하자마자 가족계획 끝?
절대 흔들리지 않을 거라 생각했는데…
#가족계획 #딩크부부 #안녕솔방울씨 　더 보기

chapter.1 딩크 졸업

왕 재밌에!!

영화관 데이트 ❀

다음 권 좀 줄래..?

밤새 만화책 보기 ❀   응. 거의 다 읽었어

누군가 딩크의 삶이 무엇이냐 물어본다면,
아주 간단 명료하게 답할 수 있다.

여행 다니기 ❀

이제 집에
가자.. 제발..

PC방에서 밤새기 ❀

아 좀 있어봐!!
어!! 아이템!! 얼른 주워!!!

'오롯이 둘만을 위한 맞춤식 삶!'

이 집 커피 맛있네

근데, 우리 이렇게 하고 싶은 거 다 해도 되는 거야?

둘이 벌어 둘이 쓰는데 뭐가 문제야!!

어차피 둘이 살 건데?

아기 생각이 없는, 우리 [딩크]였다.
딩크 DINK : Double Income No Kids

시댁

얘, 이제 아기 생각할 때 되지 않았니?

아.. 저...

엄마! 우리 이만 갈게요!!!

앗 어머님 또 올게요!!

애들이...

물론, 모두와 합의된 사항은 아니었지만^^!

나 아기 안 낳아!!
오빠랑 내 인생 즐기면서
둘이 살 거야!!!!

그래도 아기는 낳아야...

그냥 둬요.
언제 바뀔지 몰라요.

아셨죠!!

(그래도 친정에는 당당히 말함)

아... 노잼...

요새 다 재미없어

노는 것도
재미없어

오빠 나 일할래

그래 알았어

그렇게 신혼을 3년 정도 즐기고 노는 게 질릴 때쯤...

소아과 간호사로 다시 근무를 시작했고

그 결정이 우리 부부의 삶을 통째로 흔들어 놓게 된다...?

02

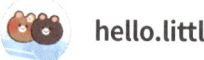 hello.little.sol

딩크 3년 차, 흔들리다.

hello.little.sol 딩크 3년 차, 흔들리다
소아병동에 근무하게 된 것은 운명이 아니었을까?
#딩크탈출각 #흔들흔들 더 보기

chapter.1 딩크 졸업

과거

애니메이션 영화를 좋아하지만...

밤 영화 + 영화관 텅텅은 보너스

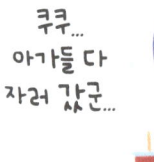

아이들을 피한 시간대만 고수했고...

글쎄?
별생각 없는데?

그냥 1층에선 애들이
애들끼리 놀 수 있으니 좋고
2층은 조용하니까 좋고...?

게다가 2층은 위험하대잖아

그냥 이 정도 생각..?

아...그래? 진짜 별생각이 없구나?

응!!!

띠링!

대박!!!
애옹 유튜브
업로드 올라왔다!!

저 고양이
덕후...

무엇보다 아이들보단... 동물들이 더 예뻤다.

현재

그랬던 내가... 아이들이 예뻐 보이기 시작했던 것...

03

 hello.little.sol

hello.little.sol 자꾸만 눈이 가요
아이들이 예뻐 보이기 시작하면서
새로운 욕심이 생기게 되는데…
 #귀여운게최고야 #애기들너무예뻐 더 보기

chapter.1 딩크 졸업

아니야~ 내가 인사만 했는데 얼굴이 빨개져서 엄마 뒤로 숨는 애기가 있거든?

안녕 꼬마 환자분~

인사드려야지~

♡ 꺄악 ♡

너무 귀여워! 계속 쫓아다니면서 인사하고 싶다아!!!

부끄럽구나~ㅎㅎ
조금 이따 열 재러 갈게요   감사합니다

이따
또 본다고?!

진짜 너무 귀여워!! 괴롭히고 싶다고!!!

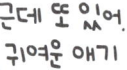

잡아봐라~!!

꿍! 꽥!!!

??

!!!!!!!

꽥꽥이- 병실 복도에서 뛰면 안 돼요~ 다쳐요~

두 둥

!!!!

꽤-액!!

거봐- 엄마가 그랬지? 주사 놓으러 오신다고

chapter1 딩크 졸업

이렇게 퇴근마다 강제로 내 얘기를 들어주던 남편도

자연스럽게 아이들이 예뻐 보이기 시작하는데...

#04

  hello.little.sol

부러움은 곧
결심으로 바뀌어..

오빠, 우리 아기 가질까?

hello.little.sol 부러움은 곧 결심으로 바뀌어…
아기 가질까?라는 갑작스러운 나의 물음에
남편의 대답은…
#딩크탈출시동걸기 #남편아대답해 더 보기

chapter.1 딩크 졸업

수많은 귀요미 환아들 중, 유난히 내 마음을 흔들어 놓은 아이가 있었다.

병실

아빠, 아빤 밥 먹었어?

 아니- 아직-

엄마가 끼니 잘 챙기라고 했는데 또 굶었어!?! (잔소리 잔소리)

이제 먹으려구~

이구!! 내가 못 살아!!

자! 내 밥 나눠줄게 얼른 먹어!!

아냐 딸 먹어야지~

아빠는 컵라...

 ㄸㄸ!!! 라면!!!

엄마가 라면은 몸에 안 좋댔어!

(본인 이름) 깡총이처럼 아프고 싶어?!

(계속 혼나는 중)

그 아이의 부모님이 부러웠고
진지하게 아이를 고민하게 됐다.

오빠, 우리 아기 가질까?

언제 말하나 했더니, 그게 오늘이구나?

좋아!   정말!?!?

05

 hello.little.sol

얻을 것과 잃을 것.
뭣이 중헌디

hello.little.sol 얻을 것과 잃을 것. 뭣이 중헌디
아기를 가지게 된다면 지금의 삶과는 많이 달라질 텐데…
#얻을것 #잃을것 #비교불가 더 보기

chapter.1 딩크 졸업

그런데, 생각은 해봤어?

뭘?

아기를 낳게 된 뒤 달라질 것들 말이야~

예를 들면?

예를 들면, 앞으로 우리가 누리던 자유는 어느 정도 내려놔야 할 거야

영화 보러 가자!!

농담이지?^^

어...음...으응! 그럼~ 농담이지...

아기 자니까 쉿쉿...

Chapter.1 딩크 졸업 39

한 생명을 책임진다는 무게가
우리가 상상한 것 그 이상이겠지...

 응응 그렇지

엄마 아빠의 삶,
10년을 너에게 줄게

이제 됐겠지?

 와~앙~

 부족한데요!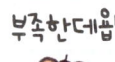

아직 배고파요...

10년만 더 주세요!!

어쩌지??
줘야지 뭘 어째...

난 줄 수 있어!
내 20년!!

아니! 30년도
줄 수 있어!!!!

우린 잘할 거야!!

좋은 부모가 되자!

누가 그랬어, 우리가 준 것
그 이상으로 아이가 되돌려 줄 거라고

병원에서 보호자분들이
항상 말씀하시거든?

너무 힘든데 그래도
힘든 거보다 훨씬 더 행복하다고

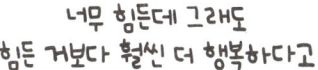

우리는 어두운 우주야.

별이 없으면 빛도 없지.

아기는 별이야. 별은 우주가 있어야 존재해.

우주는 별이 마음껏
빛을 내도록 품을 내어주지

그럼 별은 마음껏 반짝이며
온 우주를 밝혀줄 거야

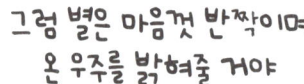

기대된다!
반짝반짝 빛날 우리 가족!!

정해진 시기

신혼 초 남편과 딩크를 결심했지만 결국은 만 3년 만에 딩크를 졸업하게 되었습니다. 저는 굉장한 계획형 인간인데, 가족계획은 마음먹은 대로 되는 게 아니더라고요! 지금 와서 생각해 보면 인생에는 어느 정도 정해진 시기라는 게 있는 듯싶어요.

현재의 저는, 아이를 가지기로 한 과거의 나에게 찬사를 보냅니다. 아이가 주는 사랑과 행복은, 절대로 이 세상 어느 글로도 표현할 수 없을 정도로 아주 빛나고 커다란 것이었어요. 그래서 저는 솔방울을 만나기 전의 제가 느꼈던 모든 행복과 솔방울이 제게 안겨준 짧은 시간 속의 행복을 비교했을 때, 어느 쪽이 더 큰 것인지 확실하게 말할 수 있어요. 솔방울이 준 행복이 비교할 수 없을 정도로 큽니다.

만화에서는 병원에 다니다가 갑자기 아이를 낳기로 결정을 하게 된 것처럼 보이지만 사실은 병원에 다니면서 약 반년간 계속 고민했어요. 아이들이 너무 예뻐 보였고, 그 아이들의 부모님이 부러웠지만, 보이는 게 다가 아닌 것은 너무도 당연하게 알고 있으니까요. 어느 정도 아이를 가지고 싶다는 쪽으로 마음이 기울었어도, 막상 결정을 할 땐 제 마음을 확실히 할 계기가 필요했어요. 확실한 계기를 준 토끼 꼬마에게 진심 어린 감사를 보내고 싶네요!

chapter 2

바로 엄마로 변신하는 건 아니잖아

제 상상 속 임산부는 흔들의자에 앉아
뱃속 아가에게 태교 동화를 읽어주는 아름다운 모습이었어요.
하지만 현실은 많이 달랐습니다. 하루하루를 '견뎌내야' 했고,
태교 또한 할 여유가 없었어요. 그 이야기를 조심스레 꺼내어 놓으려 합니다.
아름답지만은 않았던 임신기간을요.

06

  hello.little.sol

어서 와! 우리 아기!

hello.little.sol 어서와! 우리 아기!
이렇게 쉽게 된다고?
#임테기 #두줄 #반가워 더 보기

chapter.2 바로 엄마로 변신하는 건 아니잖아

근데 어제 피크였고
오늘 수치가 확 떨어졌으니!!
오늘이 바로 배란일이라고!!!

어엉... 그렇구나
...

아아↘!
그렇구나가 아니라~
오늘이 최상의
가임기라고요!!!

...!!!
숙제하러 가자!!!

chapter2 바로 엄마로 변신하는 건 아니잖아   49

#07

 hello.little.sol

입덧의 습격

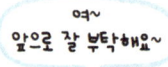

hello.little.sol 입덧의 습격
임신 중에 가장 괴로웠던 건… 단연코 입덧…
#습격이란단어가딱맞는 #입덧 더 보기

chapter.2 바로 엄마로 변신하는 건 아니잖아

임신 사실을 알고 기뻐할 새도 없이

입덧이란 놈이 찾아왔다.

입덧은 종류가 꽤 많은데,

나 같은 경우는 '냄새덧'과 '토덧'이었다.

이 지긋지긋한 손님들은...

만삭 때까지 쭉~ 눌러앉아 나를 괴롭혔다.

08

 hello.little.sol

hello.little.sol 입덧은 질병으로 분류해야 해!
왜 입덧은 질병이 아니죠? 이렇게 괴로운데요?
#입덧약 #너무비싸 더 보기

chapter.2 바로 엄마로 변신하는 건 아니잖아

나는 특히 '냄새덧'이 심했는데,

냄새덧 장착 후 초인적인 후각을 가지게 됐다.

일상의 모든 냄새들을 모조리 맡을 수 있게 되었으며

동시에 그 모든 냄새들이 아주 역하고 괴로웠다.

그리고... 남편의 체취까지 견디기 힘들어지기 시작...

결국 남편도 찬내 나는 생활을 함께했다.

09

 hello.little.sol

hello.little.sol 공포의 임당 검사
입덧 중의 산모에게 임당 검사는 정말… 고통이더라…
#무서운 #임당검사 더 보기

chapter.2 바로 엄마로 변신하는 건 아니잖아

임산부들에게 가장 두려운 검사가 있다면...

그건 바로 '임당 검사'일 것이다.

임신 전 정상이었어도 임신 후 호르몬의 변화로 임당 산모가 되기도 하는 복불복 게임...

특히 첫 검사에서 재검이 뜨면... 정말이지 아찔하다.

아마 모두가 한배를 탄 기분이 이런 것일 듯...

그리고 다행스럽게도 재검은 통과

#10

  hello.little.sol   ・・・

바로 엄마로 변신하는 건
아니잖아

과거의 나

임신했다고 바로
엄마 변신! 모성애 장착!
이런 게 아닌데..

hello.little.sol 바로 엄마로 변신하는 건 아니잖아
아이를 품고 키워내는 것 자체가
이미 엄청난 일을 하는 중인 거라고!
#죄책감갖지말기 #과거의나에게 더 보기

chapter.2 바로 엄마로 변신하는 건 아니잖아

솔방울은 이미 뱃속에서부터 남다른 힘을 보여줬는데,

그 때문에 나는 태동을 즐기진 못했다.

통증을 동반하는 태동과 함께 입덧까지 견디려니
임신 생활이 즐겁지 않았다.

불행해... 너무 힘들어...
임신이 이런 거라니...

여보-

안 되겠다
여보 좋아하는
케이크 사 올게

나만 이렇게 생각하는 걸까?
난 엄마가 될 자격이
없는 사람인가 봐...

이런 말... 남편한테
꺼내면 날 뭐라고
생각할지 두려워...

단 거 먹으면
기분 좀 나아질 거야~
다녀올게

그리고 어느덧 불평하고 있는 내 모습에
실망과 죄책감이 들었다.

과거의 나

임신했다고 바로
엄마 변신! 모성애 장착!
이런 게 아닌데...

그땐 왜 그렇게
스스로를
몰아쳤는지 몰라~

네~

웅마!! (엄마)

지금에 와서 생각해 보면 참 자연스러운 감정인데,

벌써부터 이런 생각 하는데...
솔이한테 좋은 엄마가
되어주지 못하면 어쩌지...

과거의 나

나 같은 사람은 아기를
가지면 안 되는 건데

노우~
그런 생각 그만!

현재의 나

다 자연스러운 거야~
너무 몰아세우지 말라고!
충분히 잘하고 있어!

뚝뚝...

할 수 있다면 과거의 나를 꽉 안아주고 싶다.

남편이 위로해 줘도
기분이 나아지지 않아

내가 맞혀볼까?

그냥 원망스러워
나도 왜 이러는지
잘 모르겠어

나는 모든 게 변하고 힘든데,
남편의 모든 것들은
그대로인 것처럼 느껴지지?

!!!

맞아!!!

둘이 함께
아이 계획을 했는데
왜 나만...

힘든 게 다 지나가고 나면
그제야 보일 거야
남편도 나름대로 부단히
노력했다는 것 말이야

그러니까 너무
원망하지 말자고!

그리고 아기를 만나면
힘들었던 모든 것이
사르르 녹아 없어져!

그만큼 너무너무 예쁘고
사랑스럽다니까!

자, 한 번 더 포옹하자

너 진~짜 잘하고 있어
최고로 말이야

꼬옥...

11

  hello.little.sol

임신 후 겪었던 신체 변화

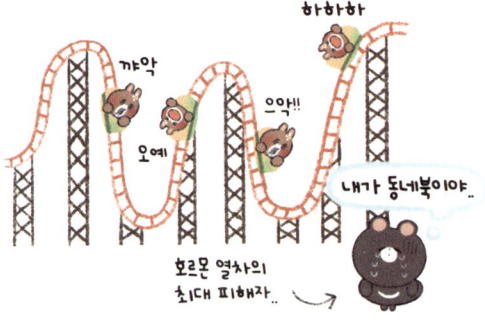

hello.little.sol 임신 후 겪었던 신체 변화
텍스트로 알고 있던 변화랑 실제 겪는 거랑은 천지차이
#튼살 #붓기 #호르몬농간 더 보기

chapter.2 바로 엄마로 변신하는 건 아니잖아

입덧과 태동

임신으로 인해 생기는 숨이 찬 느낌

무거워진 몸으로 인한 관절통...

그 밖에도 참 많은 것이 변했다.

하루에도 백 번씩 오락가락하는 기분...

이 모든 산들을 하나하나 넘기다 보면...

어느덧 아기를 만날 날이 코앞에 놓인다.

아쉬움 가득한 임신기간

솔방울을 만난 지 얼마 되지 않아 바로 입덧이 시작되었는데요 입덧이 말로 듣기로는 술을 엄청 마신 뒤 숙취에서 허우적거리는 상태로 바다에 떠 있는 돛단배를 탄 느낌이라고 하시더라고요. 근데 저는 술을 못 먹는 사람이라 그 말이 무슨 말인지 도통 이해가 안 됐거든요… 느껴보니 어떤 기분인지 확실히 알게 되었습니다.

저는 제가 겪었던 입덧 유형 중에서 단연코 '냄새덧'이 가장 힘들고 괴로웠다고 말씀드리고 싶어요. 평소에 맡지 못하는 냄새들이 모두 다 내 코에 박혀버리는 느낌이랄까요? 그렇게 되면… 정말 아무 데도 편하게 갈 수 없었어요. 심지어 집순이인 제가 가장 사랑하는 우리 집도 정말 싫어질 지경이었으니까요. 편히 먹지 못하는 것은 당연지사였지요.

입덧이 심하다 보니 저는 매일매일을 죽지 못해 버티는 수준이었어요. 그 때문에 임신 중에 우울증을 겪었던 것 같아요. 저는 현재 솔방울을 너무도 사랑하지만, 솔방울이 뱃속에 있을 때에는 사랑을 거의 주지 못했답니다. 그땐 모든 것이 원망스러운 기분이었어요. 심지어 내가 결정해서 가지게 된 아기인데도 불구하고요! 지금은 그때 그 소중했던 시간을 그렇게 지나 보낸 게 아쉽고 후회스럽네요.

메세지 보내기

chapter 3

안녕 솔방울씨!

아기를 만나자마자 가슴속 깊은 곳에서
뜨겁게 올라오는 벅찬 감동을 느꼈습니다.
이 느낌은 이 세상 어떤 단어로도 절대 표현해낼 수 없는 감정이었어요.
그리고 전쟁 같은 '출산'을 끝낸 뒤,
'출산의 고통도 이겨낸 난 이제 못 할 일이 없다!'라는 자신감도 생겼어요.

#12

 hello.little.sol ···

간호사도 똑같아요

hello.little.sol 간호사도 똑같아요
역시 이론과 실전은 달랐다.
마치 신규 간호사 때 임상에서 아무것도 못 하던 때처럼
#역시겪어봐야아는법 더 보기

chapter.3 안녕 솔방울씨!

방과 후

모성간호학 너무 어려워...

교수님이 짚어주신 곳부터 봐야겠다

가진통 진진통

얘는 이름부터 쉬운데?

가진통
통증 주기가 불규칙적임
생리통 같은 하복부 불편감
금방 통증이 소실됨

진진통
분만 임박
통증 간격이 규칙적
점점 주기가 짧아짐
통증 강도가 점차 증가

'가진통'과 '진진통'의 구별은 너무 쉽게 느껴졌다.

이론과 현실이 너무 달랐기에
난 그게 '진진통'일 줄은 꿈에도 몰랐다.

#13

 hello.little.sol

쎄하다 쎄해

아무래도 느낌이 쎄해. 병원에 가보자

hello.little.sol 쎄하다 쎄해
남편 말 안 들었으면 큰일 날 뻔했지
#남편의촉 #고마워 더 보기

chapter.3 안녕 솔방울씨!

함께 TV를 보던 남편이
갑자기 짐을 싸기 시작했다.

그리고 진진통은
기절할 정도로 아프대~

이 정도는 그냥
가진통 수준이라니까?

어? 자기야
이거 주기가 규칙적인데
사이사이에 그냥 잔 진통이
있는 것 같은데?

아니라니까!!

내 말 좀 듣자!!
병원 가자고!
느낌이 아주 쎄해!!!

뭐야!!

번쩍

으악 알았어 그럼!!
근데 잠시만!

또 왜!!
무슨 핑계를
대려고!!

남편의 고집에 결국 못 이기는 척 병원에 갔다.

가는 길에 길바닥에서 무릎 한 번 꿇고... ^^

14

 hello.little.sol

hello.little.sol 당장 입원해!!
이렇게 허둥지둥 입원하게 될 줄이야
#내진 #4센치열림 더 보기

chapter.3 안녕 솔방울씨!

〈진료실〉

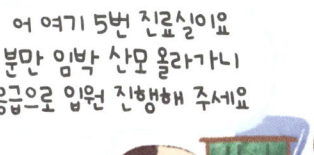

가족분만실

들어가셔서 안내받으세요

열악한 분만 대기실 현장

분만대기실 스킵은 좀 좋은 듯... 긴장!

커튼을 사이에 두고 작은 침대만 있는 학교 양호실 느낌...

그렇게 분만대기실을 스킵하고, 바로 가족분만실에 입성했다.

산모님 속옷 위아래 모두 탈의하시고 산모복으로 갈아입으실게요

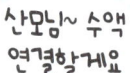 

산모님~ 수액 연결할게요

산모님 내진할게요

산모님 산모님 산모님 산모님

입원 후에는 출산 준비가 빠르게 진행되었고

#15

 hello.little.sol

초스피드 진행

hello.little.sol 초스피드 진행
남들은 빨리 낳았으니 순산이라 하지만
절대 그렇지 않다고!!
#급속분만 #초산모 더 보기

chapter.3 안녕 솔방울씨!

초산은 자궁 경부가 모두 열릴 때까지
평균 8~12시간 진통하고
경산은 평균 3~6시간 진통한대

우와... 엄청 오래 걸리네...

보통 초산의 경우, 총 진통시간은
평균 ~12시간이라고 한다.

분만 3기

1기
자궁문(자궁경부)이 0~10cm로
모두 열릴 때까지

여기!

2기
자궁경부가 10cm로 완전히 열리면
태아가 하강->만출(분만)

3기
태아 출산 후 태반까지 만출될 때까지

특히 자궁문이 0~3cm까지
열리는 것이 분만 1기에 속하는데

저는 진통을 너무 오래 해서 힘들었어요

저도요... 나중엔 거의 탈진했지요

초산모 자연분만은 확실히 빡센 것 같아요

이때가 가장 오래 걸리기 때문에 초산모들이 가장 고통스러워하는 구간이다.

이미 4cm 열렸네요

네에?!?!

그런데 나는 웬일인지 입원 당시 벌써 자궁문이 4cm나 열린 상태였고,

<내진 끝>

입원 후에도 내진을 할 때마다 쑥쑥 진행되었다.

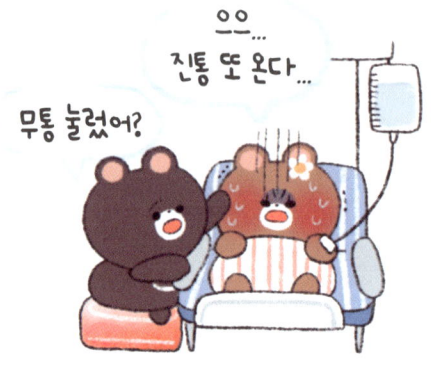

진행 속도가 바르면 좋은 게 아닐까 싶겠지만,

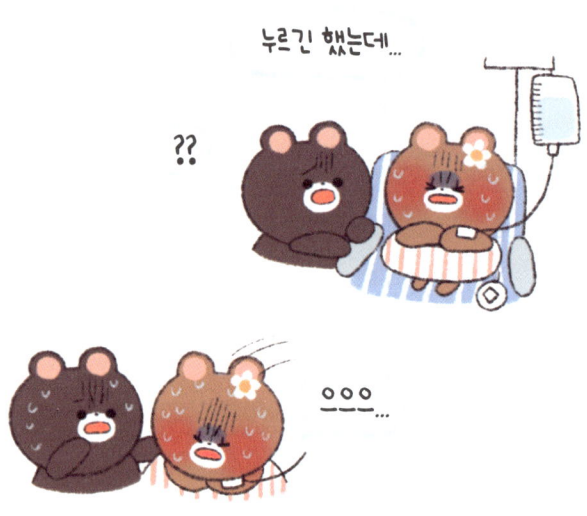

뭐든지 장단점이 있는 법...

#16

  hello.little.sol

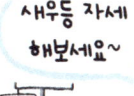

hello.little.sol 무통주사
알고 받는 시술은 더 무섭더라
#아는것이힘이아닐때도있음 더 보기

chapter.3 안녕 솔방울씨!

무통 연결 과정은,
간호학생 시절 분만실 실습 때 아주 자세히 봤었는데

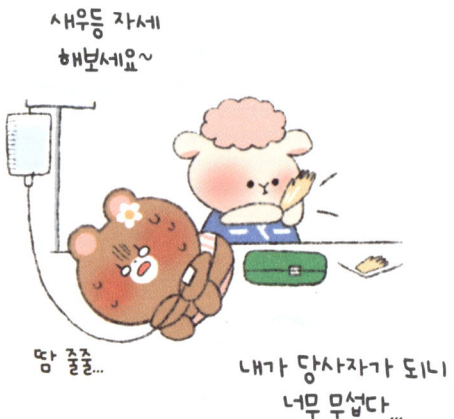

너무 많이 알면 더 두려운 법이라고...

달달 떨면서 받았다.

새우등 자세로 있으면 '무통관'을 척추에 꽂는데,

이때 자세를 잘 유지해야 바늘이 잘 들어간다.

어떤 산모들은 진통이 너무 심해서
새우등 자세를 유지하는 게 힘들다 하는데,

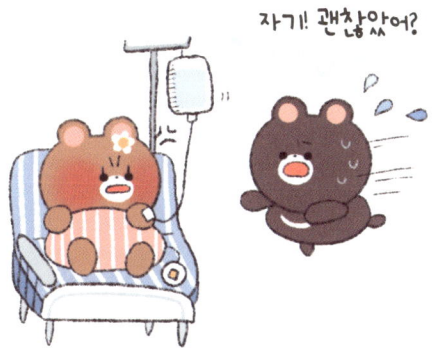

난 새우등 자세는 괜찮았다.

#17

 hello.little.sol

초산모의
분만 진행이 빠를 시
생기는 단점들

hello.little.sol 초산모의 분만 진행이 빠를 시 생기는 단점들
이 단점들 중 크리티컬한 놈이 하나 있었지…
다시는 겪고 싶지 않다
#자연분만 #부작용 #후폭풍 더 보기

chapter.3 안녕 솔방울씨!

쌩 진통의 통증 강도가 10점이라면,

나처럼 진행속도가 빠르면 진통시간이 짧아지지만

무통 누르면 한 7~8점 정도?

엥 너무 효과가 별로네?

무통이 잘못 들어갔나?

무통이 잘 듣지 않는다.

선생님, 제 아내가
무통을 달았는데요,
달기 전이랑 진통 강도가
비슷하다고 하거든요...

아, 5번 방이시죠?
아마 진행이 빠르셔서
무통이 큰 효과는
없으실 거예요.

네?

제가 가볼게요~

실제로 그 일이 나에게 일어났는데,

흠...

무통 잘 연결됐고요,
진행 빠르셔서
큰 효과를 없을 거예요.

무통 연결 후, 거의 효과를 보지 못했다.

그럼 굳이 무통을 달 이유가...

그래도 없는 것보단 나을걸요!

결국 난 무통 천국을 겪지 못했다.

야, 좀 천천히 해

→ 자궁 경부

됐고, 비켜

난 오늘 내로
세상 밖에 나간다

〈현 시각 11p.m. '오늘'까지 1시간 남음〉

그리고 아기가 나올 때 진행속도가 빠르면...

밑의 피부가 준비되기도 전에 밀고 나오기 때문에

밑이 많이 찢어지면서 아기가 나온다.

아가 안녕! 너무 반가워!

축하드려요
오후 11시 14분 출생입니다!!

그래서 엄마곰은 자연분만임에도 불구하고...

엄청난 후폭풍을 맞이하게 된다...

#18

 hello.little.sol

hello.little.sol 만출 직전 힘 빼기
저도 모르게 힘이 들어가는데 힘을 빼라고요? 말이 쉽죠
#출산직전 #힘빼기 더 보기

chapter.3 안녕 솔방울씨!

출산 직전! 자궁문이 모두 열리고 양수가 터지면서

아기가 급속도로 밀고 내려온다.

이때 산모는 자동으로 몸에 힘이 들어가면서

힘주기를 자연스레 하게 된다.

이때 힘주기는 거의 불수의적인 상태라고 하는데,

그때 보통 힘주기를 잠시 멈추라는 지시를 받는다.

의사가 도착하기 전까지만 참아보라고...

#19

 hello.little.sol ···

hello.little.sol 모두가 우왕좌왕
나만 정신없던 게 아니었다니!
열상 방지 주사 맞았으면 덜 아팠을까?
 더 보기

chapter.3 안녕 솔방울씨!

도대체 언제 오는 거야...

힘 빼세요!
↑
이 말만 백 번 들은 듯...

더 이상은 못 참아!!

쑥덕쑥덕

10분 이상 기다림
체감 30분 이상

당직 선생님 왜 안 와?

금방 온다 했는데...

소곤소곤

입구에 껴 있는 중
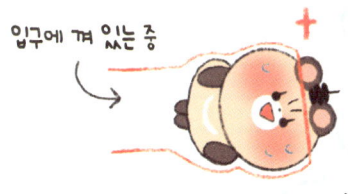
엥?

엄마 뭐해??

나 숨 막히는데?

계속 끼어있는 솔이도 걱정되고...

당시 오만가지 생각이 뇌리를 스쳤고

그래 그냥 낳자
회음부 열상 까짓것
언젠가는 낫겠지!

솔이 안전이 먼저야!

이번 힘주기로
그냥 낳자!!

뒷일은 미래의 나에게 맡기기로 결심한 순간,

느릿느릿

가운 주머니에
찔러 넣은 손

질질 끌고 온 크록스

오셨다!

산모님!
이제 아기 낳을 거예요!

느긋~한 느낌의 당직의 선생님이 도착했다.

그렇게 무사히 회음부 절개를 했고,

마지막 힘주기와 함께 솔이가 뿅!

출산 후 솔방울을 만난 시간은 약 5분도 채 되지 않았고, 솔방울과 남편이 병실 밖으로 나간 뒤 난 곧바로 후처치를 받았다.

#20

 hello.little.sol ・・・

안녕 솔방울씨!

우리 아기!! 엄마가 너무 사랑해!!

hello.little.sol 안녕 솔방울씨!
왜 이렇게 눈물이 나오는지…
그리고 내 새끼 왜 이렇게 예쁜지ㅠㅠ
#출산하기무섭게 #도치맘등극 더 보기

chapter.3 안녕 솔방울씨!

나의 임신기간은 사실 그렇게 행복하진 않았다.

입덧 때문에 다니던 병원도 그만두고...
그 병원 참 다니기 좋았는데...

적어도 내 쇼핑은
내 돈으로 하고 싶은데...
이 돈으로 어림도 없고...

오빠에게 더 이상
손 벌리는 건 자존심 상해...

행복한 태교 따위도 없어...
입덧에 너무 지쳤어...

너무 불행해

임신 전으로
돌아가고 싶어...

중얼중얼

내 삶에 앞으로
'나'는 없겠지...

임신 우울증을 겪었던 것 같다.

어... 어떻게
저런 말을 할 수 있지?

아무리 힘들다고 해도...
아기 엄마잖아...

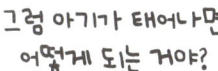
그럼 아기가 태어나면
어떻게 되는 거야?

나의 부정적인 모습에 남편은 추후
아기가 나왔을 때의 일을 걱정했다.

오빠... 나는 엄마가 될   나에게 온 아기가
그릇이 못 되나 봐...   너무 불쌍해...

나 같은 사람을
엄마로 둬서 너무 불...   쌍......

착!

Chapter.3 안녕 솔방울씨!

그래도 남편은 나를 응원해 줬다.

그렇지만 남편의 걱정은 쓸데없는 것이었다.

아기를 보자마자 가슴 깊은 곳에서
말도 안 될 정도의 사랑이 솟구쳤다.

#21

 hello.little.sol

아빠곰의 출산 후기

hello.little.sol 아빠곰의 출산 후기
출산을 옆에서 지켜본 남편의 이야기
#탯줄자르기 #어땠어 더 보기

chapter.3 안녕 솔방울씨!

오빠 그러고 보니 남편의 출산 후기는 잘 없는 것 같아

그러고 보니 그렇네

오빠의 얘기도 들려줘~

일단, 나는 입덧하는 와이프를 케어하는 게 생각보다 힘들었어

입덧은 내가 힘들지 여보가 무슨...

끝까지 들어봐

자기가 힘들어하는 걸 지켜볼 수밖엔 없는 게 힘들었어

생각보다 내가 해줄 수 있는 게 너무 없더라...

 근데 그게 무려 10달 동안 지속되잖아
입덧뿐만 아니라
다른 여러 가지 어려움도 많고...

몰랐을 땐 그냥 막연히
먹고 싶다는 것
사다 주면 되는 줄 알았어

TV에 나오는 것처럼

근데 출산 때에도 마찬가지였어
내가 할 수 있는 게 없잖아

여보한테 너무 미안하더라고

아니면... 곱창 자르는 느낌?

아름답게 표현해 줄래?
곱창에 비유하지 말라고...

아, 그리고! 여보 조리원
가서 후폭풍 온 거!!!

스포 하면 안 돼...   우웁!

아무튼 너무 고통스러워하는 거 보고
그때 외동 확정으로 맘 굳혔어

오호...

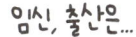

아무리 고통스러워도 제일 잘한 일

저는 제가 간호사이니만큼, 모성간호학을 공부 많이 했으니 잘 알 거라고 생각했는데, 정말 오산이었습니다. 마치 면허는 가졌지만 임상에서는 아무것도 모르는 신규 간호사처럼 모든 것이 새로웠고 부딪히며 느껴야만 하는 것들이었어요! 그래서인지 출산이 임박했음에도 불구하고, 또 내 몸인데도 불구하고 제가 더 상황 파악을 못 했고 남편이 아니었으면 아찔한 상황이 연출되었을지도 모르겠네요 ㅎㅎ

제가 또 새롭게 느꼈던 부분은, 초산모의 경우 진행이 굉장히 느리다.라고 배웠는데.. 저는 그렇지 않았던 점이었어요. 입원 후 약 3~4시간 만에 솔방울을 만날 수 있었습니다. 그런데 진행이 빠르다고, 진통한 총시간이 적다고 해서 좋았다고 말하기에는 부작용들이 아주 컸어요. 자연분만을 했지만 제왕절개를 하신 분들보다 회복이 한참 더뎠거든요. 자세한 내용은 다음 챕터에서 들려드리도록 할게요!

여러 힘든 점이 있음에도 솔방울을 보자마자 제 온몸에서 사랑이 폭발하는 듯한 느낌을 경험했어요. 내 몸이 부서질 것 같아도 솔이를 낳은 건 일말의 후회도 원망도 없었지요. 그냥 무작정 행복했습니다. 사랑하는 마음 때문에 눈물이 터져 나온 경험은 제 인생 처음이자 마지막일 것 같아요.

끝날 때까지 끝난 게 아니야

'출산'이 마지막 관문인 줄 알았는데요,
출산 후에 겪는 일들도 출산만큼 만만치 않았습니다.
예상치 못한 사건들이 우르르 한꺼번에 터져버리니 정신이 하나도 없었어요.
그 와중에 후 처치가 잘못되어서 제 기억 속엔 출산보다
출산 후가 더 공포스럽게 남았어요.

22

 hello.little.sol

출산 후 밀려온 두통의 원인

hello.little.sol 출산 후 밀려온 두통의 원인
머리가 깨질 것 같음 그만 아프고 싶다
#출산후 #두통 #왜이래 더 보기

chapter.4 끝날 때까지 끝난 게 아니야

휠체어에서 내리자마자 엄청난 어지럼증이 있었고

꽤 심한 혈관통이 있었다.

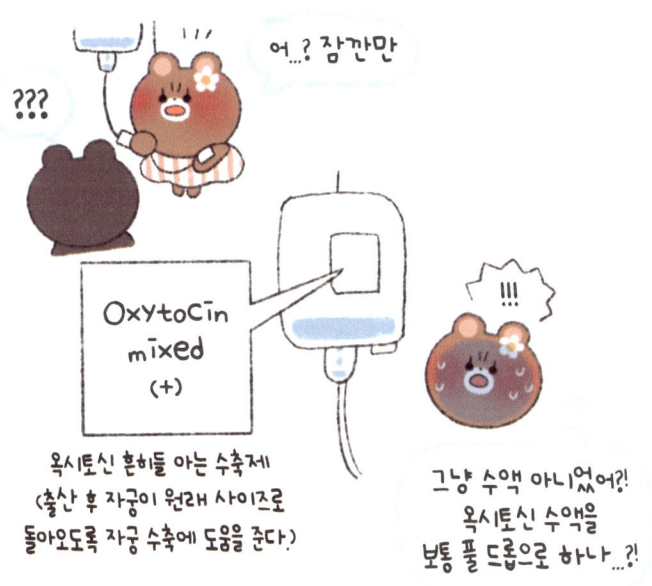

악... 두통!!!

선생님께 말씀드려볼까?

응! 혈압 한 번만 재달라고 부탁드려줘

알았어!

**분만실 프로토콜을 잘 몰라서 의아해하는 중에
머리가 깨질 듯이 아파왔다.**

혈압이 꽤 높네요...

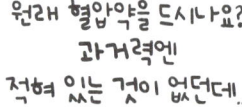
원래 혈압약을 드시나요?
과거력엔
적혀 있는 것이 없던데...

아니요

일단, 침상 안정하시고
조금 있다가 다시 혈압 확인할게요

선생님... 근데요...
(조심스럽)
네?

보통 출산 후에
옥시토신 수액이...
'풀드롭'으로 주입되는 게
맞나요?

네?!!?

아... 아니... 제가
혈관통이 심해서,
멋대로 조절했거든요...

근데 수액이 풀 드롭되고
있더라고요...
두통이랑 관련이
있는 듯싶어서요...

주절주절

얘 간호산가...?
〈속마음〉

아씨... 괜히 나댄 건가?

후회!

23

 hello.little.sol

눈물이 광광

hello.little.sol 눈물이 광광
계속 보고 있어도 보고 싶고
보고 있으면 눈물이 줄줄 나온다.
#너무사랑해 #우리아기 더 보기

chapter.4 끝날 때까지 끝난 게 아니야

그리고 다행스럽게 쉬고 나니
두통도 사라졌다. (+혈압도 돌아옴!)

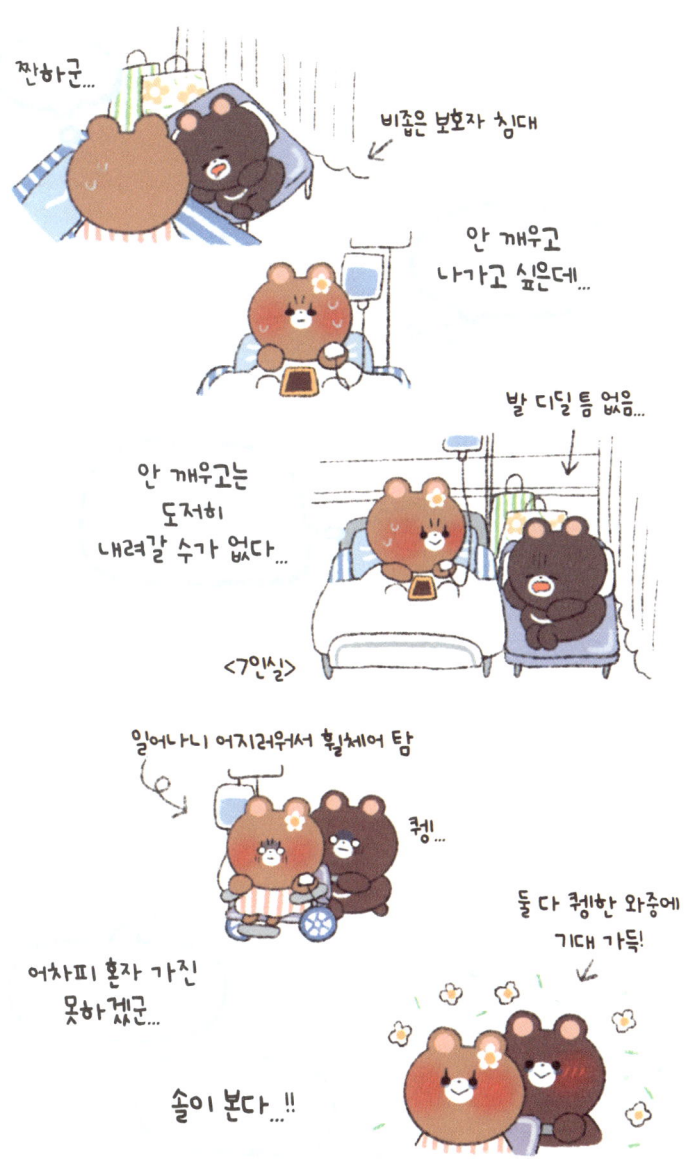

신생아실에서 다시 만난 솔방울은
그새 더 예뻐졌었다.

그리고 난 유리문 앞에서 오열했다.

#24

 hello.little.sol

♡ 💬 ✈︎

hello.little.sol 1월생은 못 해줘요
아기가 1월생이라 겪은 예상치 못한 봉변들
#1월생 #연초출산 더 보기

chapter.4 끝날 때까지 끝난 게 아니야

근데...

왜 죽상이야~

밤 12시 기준이라서 어제가 하루로 계산된대

뭐어-?!?!

15분도 하루로 계산된대...

결국 난 1박 2일 입원이라는 소리네?

그렇지...

그럼 입원비도...

입원비도 당연히 하루치 내는 거지

...

아무래도 병원 케어가 너무 짧다는 생각이 들어서

오빠, 가서 입원 하루만 연장하겠다고 말씀드려줄래?

아무리 조리원 간다고 해도, 아플 때 처치 받을 수 있는 건 병원이잖아

알았어!

입원 연장을 요청했다.

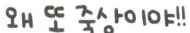

#25

 hello.little.sol ・・・

hello.little.sol 출산도 성수기가 있다
성수기 있는 거 아무도 말 안 해줬고,
우리나라 저출산 국가 맞나 싶었음
#출산성수기 #복작복작 더 보기

chapter.4 끝날 때까지 끝난 게 아니야

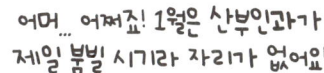

그렇다. 1~3월은 사실 출산 성수기였던 것!!!

<병원 옥상 정원>

사람 완전 많아... 오늘 평일 맞는 거지?

병실이 없어요... 곧 다른 분 퇴원하시니까 좀만 대기를...

뭐라고요?!

그 때문에 분만실, 병실, 조리원 모두 만석이다..!

따닷!!
얼른 열어보자!!
뽀각
1인실

그래서 입원 연장은 힘들고,
1인실도 하늘의 별 따기라고...

연초에 출산이 몰리는 이유는 여러 가지인데,

1. 미루는 형 (보통 출산 예정일이 12월 중순~말일 때)

목표는 1월 1일...!

며칠 차이로
한 살 더 먹는 건
억울하지...

아기가 안 내려오게
누워있자!

2. 계획 임신 형

1월생이 좋대...
그니까 우리는
이번 달에 달린다...!

그래야 아기 생일이
1월 안전빵이야...

그... 그래요

3. 당기는 형 (보통 출산 예정일이 설 연휴일 때)

2월 초에 설 연휴는
꼭 피해야 해요

맞아요...
담당의 선생님 없이
낳는 건 조금 불안해요

연휴 때는 상주 의료진
수도 부족하대요

저는 만삭으로 설 연휴에
시댁 갈 자신이 없어요

1월로 선택 제왕 혹은 유도 분만 잡아주세요!!

아무리 그래도 그렇지...

황당한 일이 자꾸만 생기게 되는데...

26

hello.little.sol 조리원 원장님과의 거래
성수기라서 연장 절대 안 된다고 하셨지만
나는 따냈지.. 조리원 3주!
#조리원 #딜성공 더 보기

chapter.4 끝날 때까지 끝난 게 아니야

조리원 자리가 없다는 통보를 받았다.

대신 때를 놓치지 않고 딜을 걸었고

결과는 나름 성공적이었다.

27

 hello.little.sol

hello.little.sol 남편과 생이별?
시기가 시기인지라.. 그렇긴 하지만
출산 직후인데… 몸조리가 가능하실까?ㅠㅠ
#짠한마음 #견우와직녀인가 더 보기

chapter.4 끝날 때까지 끝난 게 아니야

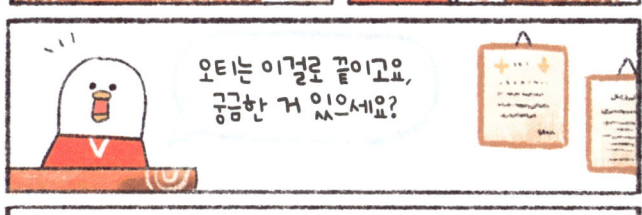

알고 보니, 조리원에는 남편과
생이별을 하신 분들이 많았다.

그중에서도 가장 짠했던 분은...

바로 쌍둥이 출산 산모분...

오며 가며 보니, 조리원에서부터
이미 매운맛 육아를 하고 계셨던...

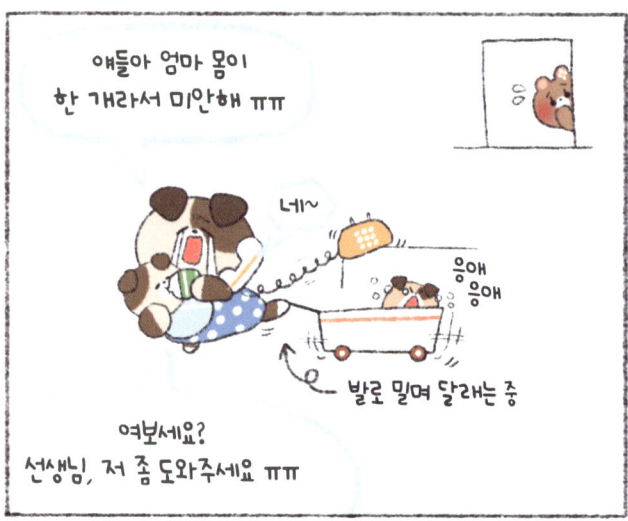

그렇지만 나도 곧...

남 걱정할 때가 아닌 걸 알게 되는데...

#28

 hello.little.sol

자연분만 후, 거동을 못 하게 되었다.

hello.little.sol 자연분만 후, 거동을 못 하게 되었다
나한테 이런 일이 일어날 줄이야
나 포함 어느 누구도 겪어선 안될 고통이야 이건 ㅠㅠ
#자연분만 #만만치않다 더 보기

chapter.4 끝날 때까지 끝난 게 아니야

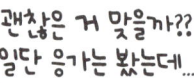

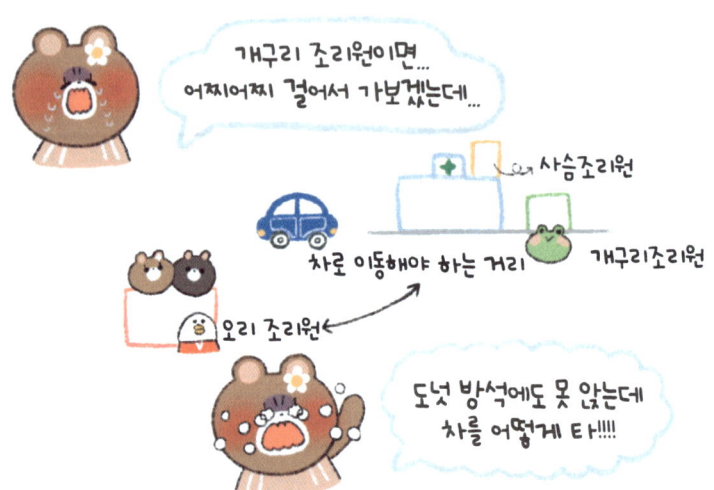

거동조차 힘든 지경이었기에
병원에 갈 엄두가 안 났다.

아기는 그 어떤 진통제보다 통증을 말끔히 잊게 해줬다.

시간이 갈수록 회음부 통증은
나아지긴커녕 점점 더 심해졌다.

한 걸음 걸음마다 회음부 봉합 부분이
쓸리면서 엄청난 고통이 밀려오기 때문에,

두 다리를 최대한 벌리고 지냈다.

맘 같아선 과거로 타임워프해서 좌욕하는 날 뜯어 말리고 싶다...

 의사선생님이...

  팡!!!!

 산모님, 봉합이 터진 지 5일이나 지나서... 너무 늦게 오셨어요

 회음부 피부는 일반 피부랑은 좀 다른데요...

균 들어가기 전에 얼른 아물어야 해!!!  꽉!!! 얼른 붙어 붙어!!!

<일반 피부 조직>

 일반 피부는 봉합이 터져도 감염 관리만 잘해주면 자기들끼리 잘 붙거든요...

 근데 회음부, 특히 질 내의 피부 조직은 봉합이 터지면 잘 안 붙어서 곧바로 다시 봉합해야 해요

방법은 두 가지인데,

첫 번째 방법은,

뭉그러진 피부의 표면을,   잘라내고,

잘라낸 피부를 서로 당겨서   재봉합 하는 것!!

끄아아아

소름!!!!

들기만 했는데도 아픈데요!!!

...   못해요   절대 못해!!

더 이상 아프기 싫어!!

두 번째 방법은... 그냥 알아서 붙을 때까지...

기다리는 겁니다

쭈-욱

보통 이 정도 상태면... 붙는 데 한두 달 걸려요

어떻게 하시겠어요?

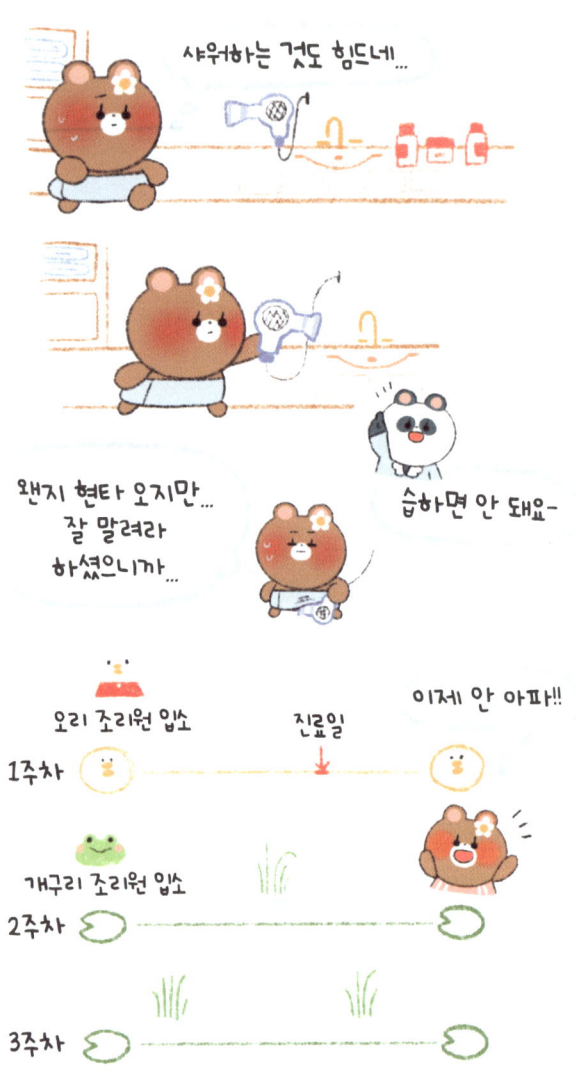

그리고 딱 2주 차가 되던 날
기적처럼 말끔하게 나았다!!

출산 후 겪었던 후폭풍

뭘 모를 때의 저는 출산이 마침표라고 생각했어요. 아기를 낳고 나면 힘들었던 모든 것들이 끝이 나고 아기와 사랑 넘치고 행복한 일들만 펼쳐질 줄 알았거든요! 또 빠른 회복을 더더욱 원해서 자연분만을 선택하기도 했고요. 그런데 웬걸. 출산 후에도 엄청난 고난이 기다리고 있었지요. 바로 후 처치 봉합이 터져버린 것이었어요. 빨리 알아차리고 병원에 갔으면 좋았을 텐데, 출산 직전의 저처럼 이번에도 또 상황인지를 빠르게 하지 못하고 골든타임을 지나쳐 버렸습니다. 안 그래도 일상생활이 안 될 정도로 고통스러운 상황에서 다시 살을 도려내고 재봉합을 한다는 것 자체가 저에겐 한계선을 한참 넘어버리는 일로 느껴졌어요. 정말 펑 하고 터져버릴 것 같은데 터지지 않도록 간신히 절 부여잡고 있는 상황이었거든요.

지금 다시 생각해 봐도 절대로 두 번 다시 겪고 싶지 않은 고통이에요. 출산은 어찌 다시 해볼 만할 것 같은데 이 회음부 통증은 절대 다시는 없었으면 좋겠다라고 말씀드리면 조금은 전달이 될까요? 진통보다 힘들었던 기억입니다. 그래서 저는 확고하게 외동 확정으로 결정을 짓게 되었네요. 내 모든 사랑을, 내 숨이 다할 때까지 솔방울에게 쏟아부을 생각이에요! ㅎㅎ

chapter 5

엄마 나이 한 살

집으로 돌아온 뒤부터 육아 실전이 시작됩니다.
조금만 세게 안아도 부서질 것 같은
작은 생명을 지켜내려면 정신을 똑바로 차려야 해요.
모든 게 처음 하는 일인데도 모두 다 아주 잘 해내야 합니다.
육아는 참 오묘해요. 분명 두렵고 힘들지만 가슴 터지도록 행복하니까요.

29

 hello.little.sol

처음인데도 잘해야 해

hello.little.sol 처음인데도 잘해야 해
육아는 생각보다 빡셌다
공부 많이 해도 막상 닥치면 혼돈의 카오스임
   더 보기

chapter.5 엄마 나이 한 살

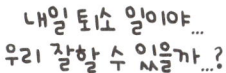
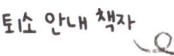

조리원 퇴소 일이 다가오니 조금 두려웠다.

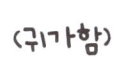

그 두려움은 귀가 후에도 지속되었다.

둘이 나왔던 집에

셋이 돌아온 건 너무 행복했지만

앞으론 모든 일을 남편과 나,

둘이서 헤쳐 나가야 했다.

기저귀 어디다 뒀지?!

물티슈 너무 차가운 것 같아

물티슈 데우는 기계 같은 거 없어?

오 있어!! 주문할게!!

모든 게 처음 하는 일이지만

겨우 진정된 솔이…

그리고 벌써 멘탈이 나간 둘…

'잘'해야 했다.

30

hello.little.sol

못 나누기

hello.little.sol 못 나누기
남편과 육아를 함께 하면서
진정한 환상 콤비로 거듭나게 됐다.
#잘해보자 #나의육아동지 더 보기

chapter.5 엄마 나이 한 살

며칠 우왕좌왕하다 보니

둘의 몸을 나눠야겠단 생각이 들었다.

특히 둘이 함께 아이를 돌보다 보니

둘 다 잠을 제대로 못 자는 상황이 왔기 때문에...

우리 몫을 나누자
직장으로 치면 2교대 스케줄을 짜는 거야

스케줄 조절이 더더욱 절실했다.

나이트킵이 제일 쉬웠어요

일단, 간호사 시절부터 나이트킵에 특화되어있던 나는

내가 새벽에 솔이를 볼게
난 밤새는 거 정말 괜찮거든

새벽에 아이를 케어하기로 했고

어우... 난 밤새는 거
너무 괴로운데...

그니까 오빠가 밤에 자고
낮에 솔이를 돌봐줘!
나는 낮에 잘게!

그래 그러자

잠이 많은 남편은 밤에 푹 자고
낮에 아기를 돌보기로 했다.

육아 교대 스케줄

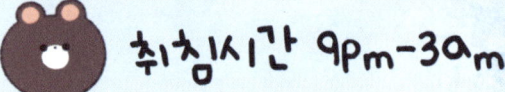 취침시간 9pm-3am

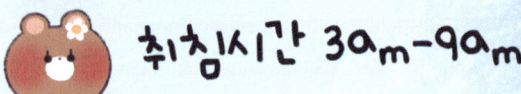 취침시간 3am-9am

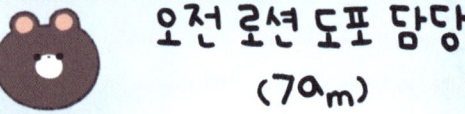 오전 로션 도포 담당 (7am)

오후 로션 도포 담당 (7pm)

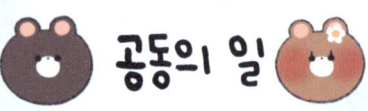 공동의 일

목욕 시키기, 수유는 번갈아, 아기 빨래 설거지 등등 기타 모든 일

31

 hello.little.sol ・・・

뱀파이어는 얼마나 좋을까?

hello.little.sol 뱀파이어는 얼마나 좋을까?
난 잠이 지이인짜 없는 편인데
그런 나조차 두 손 두 발 다 들었다…
#수면부족 #통잠은언제 더 보기

chapter.5 엄마 나이 한 살

자기 괜찮아?

아니 안 괜찮아...
죽을 거 같아...

아무리 새벽에 강한 나여도...

병원 나이트킵은 한 달에 15번 나가는데
지금은 매일매일 근무하는 느낌이야...

이 생활이 지속이 되다 보니

점점 말라비틀어진 무말랭이가 되어가고 있었다.

남편과 교대하고 자러 들어가도

잠귀가 밝아서 계~속 깨고...

남편이 SOS를 청할 때도 있어서

결국은 푹 쉬지 못하고 나오는 경우가 많았다.

잠을 자지 않아도 되는 뱀파이어가
부럽다는 생각이 처음으로 들었다.

hello.little.sol

hello.little.sol 배앓이 잡기
배앓이를 시작으로
육아는 템빨이란 사실을 온몸으로 느꼈음
#육아는템빨 #배앓이물럿거라 더 보기

chapter.5 엄마 나이 한 살

맘마도 먹였고, 기저귀도 뽀송한데
계속 보채는 솔방울...

특히 새벽이 되면 더 심하게 보챘는데

그 무섭다던 '배앓이'였다.

뒤늦게 부랴부랴 배앓이에 특화된
육아템으로 바꾸기 시작했는데

배앓이 젖병과 배앓이 분유의 도움을 많이 받았다.

젖병과 분유를 바꾸자마자

언제 그랬냐는 듯 배앓이가 잡혔으니 말이다!

배앓이 정보

아기가 심하게 보채고 울 때가 있어요. 이때 안아도 잘 달래지지 않고 기저귀도 뽀송하고.. 배가 고픈 것도 아니고.. 정말 당황스럽죠. 특히나 저녁 시간이나 새벽 시간에는 보챔이 더더욱 심해지더라고요. 하지만 아기가 우는 이유는 분명 있어요. 그 이유를 모르겠을 때에는 배를 한 번 만져보세요. 배가 단단하고 빵빵한 경우 아마 배앓이일 수 있습니다.

배앓이 즉 영아산통이란 생후 4개월 이하의 영아에서 원인 모를 울음과 보챔이 하루 3시간, 최소 한 주 동안 3회 이상 발생하는 것을 말합니다. 특히 주로 저녁이나 새벽에 보채는 정도가 심해져요.

배앓이(영아 산통)에 대한 원인은 정확히 밝혀져 있진 않지만 소화 기능의 미숙함으로 인한 것으로 본다고 합니다. 분유에 함유된 유단백 혹은 유당이 잘 분해되지 않아 생기는 복부 팽만감이나 통증에 의한 것일 수도 있고요, 수유 중 공기를 과다하게 삼켜 배에 가스가 찬 상태로 가스가 원활히 배출되지 않아 발생할 수도 있다고 합니다. (과학적으로 입증된 바는 없음)

저는 솔방울씨의 배앓이를 빠르게 해결한 편인데요, 아무래도 젖병과 분유를 바꿔서가 아닐까 해요. 배앓이에 도움이 되는 젖병의 경우 수유 시 아기가 공기를 삼키는 것을 차단해 주는 역할을 해요. 그래서 장에 가스가 차는 것을 미리 방지해 주는 것이지요.

또 배앓이 분유도 있는데요, 유당 함량을 낮추었거나 유단백이 가수분해가 된 분유를 말해요. 아이들은 소화 기능이 미숙하기 때문에 해당 분유로 교체해 주는 경우 제 개인적인 경험으로는 어느 정도는 효과가 있던 것 같아요!

제가 사용했던 배앓이 방지 아이템이 궁금하실까 싶어 오픈해 볼게요. 저는 젖병은 닥터브라운을 썼고, 배앓이 분유는 노발락 AC 를 먹였어요.

그런데!! 여기서 꿀팁! 노발락 AC 는 변비를 유발하기도 한다더라고요! 케이스마다 다르긴 한데.. 저희 솔방울은 변비가 왔어요! 그래서 저는 변비를 해결해 주는 노발락 IT 를 함께 먹였어요. 근데 또 IT 는 또 설사를 유발할 수 있음.. 그래서 전 솔방울의 대변 상태에 맞춰서 둘의 비율을 조절해 가면서 먹였네요. 아이 장 컨디션에 맞춰서 말이에요! 덕분에 솔방울은 젖병과 분유를 교체한 이후로는 단 한 번도 배앓이를 한 적이 없어요.

또! 아이가 배앓이 중인 경우에는 배를 따뜻하게 해주시고 부드럽게 장 마사지를 해주시면 도움이 되어요. 유의하실 점은, 신생아는 피부도 너무나 연약하기 때문에 배를 따뜻하게 해주기 위해서 배 위에 따뜻한 것을 올려두시는 경우가 있는데요, 성인 기준으로는 따듯한 정도여도 아기가 느끼기엔 다를 수 있습니다. 찜질은 위험할 수 있어요. (저온화상 위험성) 저는 제 손을 따뜻하게 만든 뒤 로션을 발라 부드럽게 배를 문질러 줬어요. 배앓이 마사지는 인터넷에 찾아보면 정보가 많습니다! 너무 강하게 문지르지 마시고 살살 장운동을 촉진해 주는 정도로만 마사지해 주세요!

또한 수유 후 트림을 잘 시켜주시는 것도 배앓이를 예방하는 방법 중 하나예요!

영아 산통의 증상을 보이는 아기들의 10% 정도는 질병에 의한 것일 수 있으니 정도가 심할 때에는 꼭 병원에 방문하시길 바랍니다! 이상 '엄마곰의 TMI'였습니다!

<이해하기 쉽도록 그림으로 보여드릴게요!>

노발락 AC
배앓이를 잡는 대신
변비 유발

노발락 IT
변비 잡는 대신
설사 유발

닥터브라운
배앓이 방지 젖병

오늘은
묽은 응가야

AC:IT = 3:1

변비가 왔나 봐!

AC:IT = 1:3

이런 식으로 조절했어요!

33

 hello.little.sol

hello.little.sol 이앓이
배앓이는 시작에 불과했다. 이제부턴 이앓이라고!?
 더 보기

chapter.5 엄마 나이 한 살

배앓이 후 얼마 지나지 않아 이앓이가 찾아왔는데

세상 밖으로 나와 크느라 많이 앓는 솔방울이

우리 딸...

대견하고 안쓰러웠다.

이것도 별 효과가 없나 봐   어쩌지...

치발기를 앙앙 물어도 힘들어할 때에는

너무 아파하면
진통제를 쓰기도 하나 봐!

흠...

진통제를 쓰기도 한다는데...

아... 근데 아직 너무 갓난아기라서...
약은 최대한 안 쓰고 싶거든...

일단 할 수 있는 방법
모두 동원해 보고
안 되면 약을 먹이자!!

너무 아가라서 약을 쓰기가 조심스러웠던 난

이건 충치 진통에 쓰이는 방법이긴 한데...

효과가 있는 거 같지? 응응!!

얼음을 물리는 방법을 썼다.

얼음 좋아!!! 얼음 최고!!!

그렇게 솔이는 얼음 러버 아가로 자라나게 된다.ㅎㅎ

34

 hello.little.sol

hello.little.sol 동전이 계속 만들어지는 마법
특히 환절기나 겨울이 되면
기다렸다는 듯이 동전이 마구마구 생김 ㅠㅠ
#보습많이해줘도잘안잡힌다 #지긋지긋 더 보기

chapter.5 엄마 나이 한 살

동화 속에선 은화 금화가 계속 나오는 항아리가 있다.

또 생겼어!!

근데 우리 집에도 그 항아리가 있다.

근데 이거 효과 있긴 한 걸까...?

아무리 로션과 오일을 자주 발라줘도

나 이번 달에 솔이 로션이랑
오일에 들인 돈만 이만큼이야...

근데 왜 얘넨 아직도
안 없어지는 거냐고...

동전 습진이 생겨나는 속도를 이겨내기 어려웠다.

정말 동전 만드는 항아리가 따로 없다.

동전 좀 그만 만들어줄래... 솔아...

#35

 hello.little.sol ・・・

제발 먹지 마!!

그새 뭘 또 주워 먹었어!!!!!

오물 오물 오물

hello.little.sol 제발 먹지 마!!
구강기는 대혼란의 시기이다
24시간 따라다니면서 뭐 주워 먹을까 노심초사
#구강기빡셈 #침은또얼마나흘리는지 더 보기

 chapter.5 엄마 나이 한 살

오물오물오물...

안전 사고가
가장 많이 일어나는 구강기

으악!! 뭐 먹어 딸!!!!!!!!!

솔방울도 어김없이
구강기에 들어섰는데

하..하하...   아침에 먹다 떨어뜨려둔...
떡뻥 조각... ㅎㅎ

생각보다 빡세다... 구강기...

입에 이미 넣은 것도 끄집어내고...

맨날 뺏어가는 사람 정도로
생각하는 거 아닐까?   ㅋㅋㅋㅋ그럴지도

이쯤 되면 솔방울이 엄마를
뭐로 생각할지 걱정이 되기 시작...

36

hello.little.sol

hello.little.sol 영역 넓히기
대근육 발달에 중요한 시기라니까
하고 싶은 대로 마음껏 돌아다니렴
#너의뻠핑을응원해 #대근육발달 더 보기

chapter.5 엄마 나이 한 살

배밀이를 시작한 솔방울은

금세 기어 다니기 시작했다.

이 시기엔 '대근육 발달'이

중요한 발달과업이라고 알려져 있기 때문에

#37

 hello.little.sol ...

엄마 어디 가?

엄마..?
나 두고 어딜 가쇼?

hello.little.sol 엄마 어디 가?
엄마는 원래 집착 싫어하는데 우리 딸은 괜찮아^^;
#화장실관전도 #허락하마 더 보기

chapter.5 엄마 나이 한 살

제법 잘 기어 다니기 시작한 솔방울...

혼자 잘 놀고 있길래 잠깐 화장실을 다녀오면

어느샌가 화장실 앞에 와있고

집중하고 있길래 스리슬쩍 사라지면

귀신같이 내 뒤에 있음

껌딱지도 이런 껌딱지가 없다.

특히 화장실 관전...

볼일이라도 편하게 보고 싶다...

#38

 hello.little.sol

공주와 거지

아리따우십니다 공주님~

hello.little.sol 공주와 거지
내가 이렇게 변할 줄이야! 그렇게 꾸미길 좋아하던 내가!!
#엄마는괜찮아 #오늘도아기용품쇼핑 더 보기

chapter.5 엄마 나이 한 살

계절이 지나면 어김없이

집 앞에 택배 상자가 가득 쌓인다.

모두 솔방울의 옷이다.

아기 옷은 왜 이렇게 예쁜 게 많은지!!

아... 쓸 곳은 점점 늘어나는데...

-10,000
-50,000
-100,000

너는 왜 아직도 옹졸하니... 지갑아...

그럼 나가서 일하든가

하지만 나의 지갑 사정은 그대로인지라...

솔방울의 물건을 많이 살수록

내 물건은 안 사게 되는 것...

그래서 정말로 공주와 거지가 따로 없다.

39

 hello.little.sol

노인이 된다면 이런 느낌일까?

hello.little.sol 노인이 된다면 이런 느낌일까?
출산하고 가장 크게 느끼는 건
몸이 여기저기 아프다는 점 ㅠㅠ
#그만아프고싶다 #삐걱대는관절 더 보기

chapter.5 엄마 나이 한 살

와... 진짜 자도자도 피곤하고...

뭐 좀만 하려고 하면 삐거덕거리고...

아이를 낳고 정말 절실하게 느끼는 건

정말로 맛이 간 걸까!!! 내 몸아!!! 돌아와!!!

운동을 하는 게 어때?

몸이 맛이 갔다는 것이다.

회복이 되긴 하는 걸까 싶을 정도로

온몸의 관절이 삐걱거리고 아프다.

자기야, 장난감 반
자기 머리카락 반인데?

눈물 나니까
팩트 폭격 그만해줄래??

게다가 탈모도 와서 머리카락이 우수수...

와... 심각하네
나 완전 아줌마 됐잖아

주욱... 출렁...

아기 낳기 전에는 유부였어도
예쁜 유부였는데...

피부 탄력도 1년 사이에 축 늘어진 것이

지금은 쪼글쪼글
말라버린 유부 같아...

순식간에 팍삭 늙은 느낌...

하... 내 몸이 내 몸 같지가 않다...

노인이 되었을 때의 기분을 미리 느끼는 요즘이다.

#40

 hello.little.sol ・・・

hello.little.sol 돌치레는 후반전
열 떨어지면 끝인 줄 알고 남편 낚시 보내줬는데
그날부터 헬이 시작되었음.
#결국새벽에친정엄마찬스 #남편졸지에대역죄인 더 보기

chapter.5 엄마 나이 한 살

돌치레(돌발성 발진)를 앓은 솔방울...

고열이 계속 지속되어서 며칠째 함께 고생했는데

며칠 뒤

자기야!!
드디어 열 안 난다!!!

으아 고생했다
우리 아기 잘 이겨내줘서 고마워!

드디어 고열이 잡혔다!!

근데... 열 잡혔는데
더 힘드네?

퀭   으앙 으앙

그렇지만... 고열은 사실 연습게임이었다...

돌치레의 진정 힘든 시기는 후반전에 나타나는데

그동안 고열로 시달린 전신 피부가 뒤집어지기 때문.

그때부터 극강의 보챔이 시작됨!!!!

온몸이 따갑고 가려운 솔방울도 울고

보채는 솔방울을 돌보는 나도 울고...

나 진짜 죽는 줄 알았다고...

와중에 3박 4일 낚시 다녀온 남편...

미안해;; 난 열 떨어져서 괜찮은 줄 알고 다녀왔지...

딥빡...

다시는 겪고 싶지 않다... 돌치레...

#41

 hello.little.sol ···

♡ 💬 ✈

hello.little.sol 엄마 나이 한 살
우리 아기 크느라 고생했고
나도 엄마로 크느라 고생했던 한 해
#우리남편도고생했어 #우리가족사랑해 더 보기

chapter.5 엄마 나이 한 살

드디어 돌 아기가 된 솔방울.

그동안 솔방울도 많이 컸고

초보 엄마

1년 차 엄마

나도 많이 컸다.

(미혼 시절)

아기가 뭐가 예뻐?
나는 동물들이 더 예뻐

갸우뚱

아기의 예쁨을 몰랐던 내가

이제는 지나가는 아이들을 지나칠 수 없게 됐고

이전엔 절대 느낄 수 없던

온몸이 가득차는 느낌의 행복감을 매일 느낀다.

그 솟아나는 행복은 솔이가 안겨주는 행복이겠지.

나도 받은 행복을 솔이에게 배로 전해주고 싶다.

이렇게 나도 엄마 나이 한 살이 됐다.

힘들지만 그보다 백배 천배 행복한 육아

　갓 태어난 아가를 키운다는 일은, 처음이지만 모든 것을 잘 해내야 하는 그런 것이었어요. 저의 실수로 인해 이 부서질 것 같이 연약한 아기가 잘못될 수도 있다고 상상을 하면 손이 덜덜 떨릴 지경이었거든요. 이 어설픈 과정 속에서 저와 남편은 조금씩 성장을 했고, 서로 보지 못했던 모습들도 보여주게 되었고요 (아이가 태어날 즈엔 4년 차 부부였는데도 아기를 키우면서 또 못 보던 모습들이 나타나더라고요?! 역시 사람은 힘들 때 본성이 나온다고… 하하 농담입니다) 또 하나 의미가 있는 건, 솔방울과 저희가 조금씩 서로의 보폭에 맞춰나가며 결국은 셋이 애초에 꼭 맞는 퍼즐이었던 것처럼 변해나갔다는 점이에요.

　이 모든 과정을 저와 남편만 기억할 수 있다는 점이 너무나 아쉽고 서운한 마음도 들지만, 아무리 솔방울이 기억을 못 한다 해도 솔방울의 깊은 무의식 속에는 엄마 아빠의 진하고 커다란 사랑이 꽉꽉 채워져 있을 거라고 믿어요. 이 만화를 나중에 솔방울에게 전할 수 있는 저는 행운아라는 생각도 합니다. 저는 이 기억들이 세월에 흐려지는 것이 싫어, 차곡차곡 기록해 두고 있습니다. 제가 아기 솔방울에게 전한 모든 사랑을 담기는 어렵겠지만 최대한으로 담아보려 발버둥 치고 있네요 :)

chapter 6

번외 편

번외 편으로 간단하게 제가 돌까지 잘 사용했던 아이템들을 소개해 드려 볼게요!
도움받은 아이템들이 너무 많아서
그중 몇 가지를 추려내느라 힘들었네요! (웃음)
아이템들을 하나하나 선별하면서 솔방울씨 아가 시절이 새록새록 떠올라
사진첩을 몇 번씩이나 열어봤는지 몰라요 ㅎㅎ

트롤리

신생아 케어를 위해서는 필요한 물품이 많다.

이 물건들은 엄청 자주 이용해서

아기를 케어할 때 바로 가져와 사용할 수 있도록

 자기! 로션이랑 오일 못 봤어?

엣! 그거 내가 아까 쓰고 근처 테이블에 뒀어!

 근처 테이블...?

주변 손 닿는 곳에 비치되어야 하는데

물건이 너무 많아 정리가 어려웠다.

그래서 나는 트롤리를 이용했음!

바퀴 덕분에 힘 안 들이고 잘 끌려옴

3단 트롤리를 사용했는데,
바퀴가 달려있어 당겨와 사용하기 좋았고

필요한 물건들을 잘 정리할 수 있었다.

아 참...! 철제 트롤리는 피해주세요!
물건 부딪히면 소리가 크게 나서
아기 깨기 일쑤이고

아기 용품들 중엔 물기 있는 물건들이 많으니
자꾸 녹슬더라고요

철제 트롤리 써보니 안 좋았던 점들

기저귀 갈이대

신생아는 피부가 약해
기저귀 발진이 일어날 수 있어서

기저귀를 자주 갈아줘야 하는데,

이때 허리가 구부정한 자세로 기저귀를 갈면

정말이지 없던 디스크도 생길 판이다.

기저귀 갈이대 진작에 살걸!

나는 기저귀 갈이대를 사용하면서 허리 건강을 지켰음!

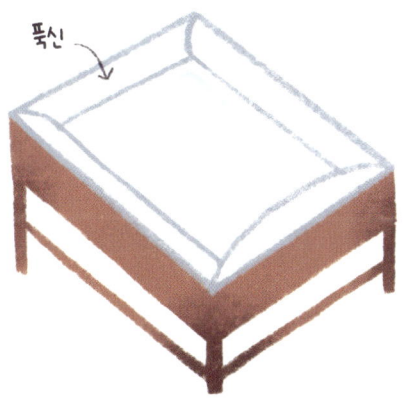

푹신

그리고 기저귀 갈이대에는 에어쿠션이 설치되어 있었는데

아기의 대소변이 묻었을 때, 닦아내기 쉬웠고

푹신해서 아기도 나도 만족했던 제품…!

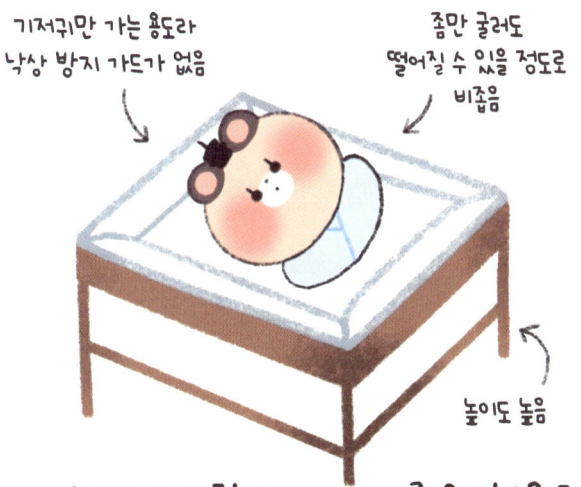

대신 기저귀 갈이대에 아이를 올려놨을 땐
낙상 위험성이 높으므로

절대로 한눈팔지 말기!

물티슈 워머

겨울 출생

솔방울은 겨울 아기인데,

자 우리 아기 엉덩이 닦자

대변을 갈아줄 때 아무리
실내에 둔 물티슈여도 차가워서

엉덩이에 물티슈를 대면 놀라곤 했다.

그래서 구비한 물티슈 워머!

아마 이건 기저귀를 뗄 때까지 사용할 듯싶다.

물티슈를 따뜻하게 유지해 주는 좋은 아이템!

근데 진짜...
입장 바꿔놓고 생각해 보면
내 엉덩이에 갑자기
차가운 물수건 착 얹으면

악 차가워!

나라도 놀라고 싫을 것 같은데...

나도...

쪽쪽이 클립 + 휴대용 쪽쪽이 살균기

쪽쪽이는 정말 미스터리일 정도로 자주 사라진다...!

분명 아가 입에 있었는데 어느샌가 분실;

외출 중

게다가 외출했을 때에
쪽쪽이를 떨어뜨리는 일도 다반사라서

옷에 클립으로 고정해둔다.

쪽쪽이 클립을 아주 잘 썼다.

클립으로 고정시켜두면 쪽쪽이를 분실하지도 않고,

더러운 바닥에 떨어뜨릴 일도 없었다.

대신 클립은 아기가 잘 때에는 위험할 수 있으니

수면 시에는 꼭 제거해 주기!

쪽쪽이를 안에 넣고
뚜껑을 닫으면 UV 소독 시작!

+ 커플 템 휴대용 쪽쪽이 살균기도 강추...!

앗 잠깐... 그거 아까 물리고
한참 동안 빼둔 거야

어 그래? 찝찝하네...

쪽쪽이...!

아기 입에 들어가는 것인 만큼 위생이 신경 쓰이는데

외출할 때에 가볍고 들고 다닐 수 있어서

편리하게 사용했다.

분유 포트

분유 포트는 두 가지를 사용해 봤는데,

엄마곰 픽은 이거!

정수기 형태의 포트를 추천한다.

출산 후 관절 마디마디가 다
늘어나고 약해져 있는 상태에서

주전자 형태의 포트는 굉장히 무겁다...

주전자를 들다 보면 손목이 아프기 시작함 ㅠㅠ

게다가 잘못 쳐서 넘어뜨리면
물바다 되는 건 순식간이라서…

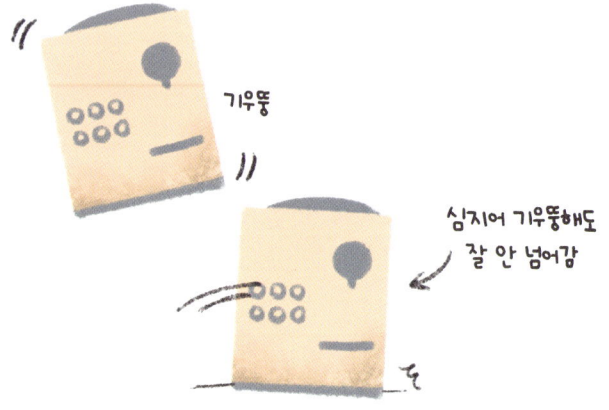

정수기 형태의 분유 포트는
살짝 기우뚱해도 물이 안 넘치고

손목도 안 아프니까
꼭 이런 형태로 선택하시면 좋겠다...!

젖병 살균기

요즘은 필수 템이 되어버린 젖병 살균기...!

더움+피곤+
다리 아픔+쉬고 싶음

어우... 생각만 해도
너무 힘들어

열탕소독은 너무 힘들기 때문에

젖병 살균기로 편하게 살균했다.

젖병 살균하다가 나중에는
식기도 살균하고 칫솔도 살균하고